林格伦的多彩人生

[挪] 阿格内斯·玛格丽特·比约万德 / 著

[挪] 丽莎·埃伊沙托 / 绘

邹雯燕 / 译

CnS | 湖南少年儿童出版社
HUNAN JUVENILE & CHILDREN'S PUBLISHING HOUSE

图书在版编目（CIP）数据

林格伦的多彩人生 / (挪) 阿格内斯·玛格丽特·比约万德著；(挪) 丽莎·埃伊沙托绘；邹雯燕译．—长沙：湖南少年儿童出版社，2019.1

ISBN 978-7-5562-4224-5

Ⅰ．①林… Ⅱ．①阿… ②丽… ③邹… Ⅲ．①阿斯特丽德·林格伦－传记
Ⅳ．① K853.256

中国版本图书馆 CIP 数据核字 (2018) 第 280695 号

Original edition copyright © Cappelen Damm AS 2015

This Simplified Chinese edition arranged by Himmer Winco for Hunan Juvenile & Children's Publishing House.

本书中文简体字版由北京 Himmer Winco 文化传媒有限公司独家授予湖南少年儿童出版社出版。

林格伦的多彩人生
LINGELUN DE DUOCAI RENSHENG

总 策 划：吴双英
责任编辑：周亚丽　畅　然
版权引进：畅　然
封面设计：花木马
内芯设计：嘉伟文化
质量总监：阳　梅

出版人：胡　坚
出版发行：湖南少年儿童出版社
地　　址：湖南省长沙市晚报大道 89 号　　邮　编：410016
电　　话：0731-82196340　82196334（销售部）0731-82196313（总编室）
传　　真：0731-82199308（销售部）0731-82196330（综合管理部）

经　　销：新华书店
常年法律顾问：北京市长安律师事务所长沙分所　　张晓军律师
印　　刷：长沙新湘诚印刷有限公司
开　　本：880 mm×1230 mm　1/20
印　　张：6
字　　数：8 万
版　　次：2019 年 1 月第 1 版　　印　次：2019 年 1 月第 1 次印刷
书　　号：ISBN 978-7-5562-4224-5
定　　价：38.00 元
质量服务承诺：若发现缺页、错页、倒装等印装质量问题，可直接向本社调换。

目 录

欢 迎

这是一本关于阿斯特丽德·林格伦的书，她是世界上最好的作家，起码我是这么认为的。

你可以用很多种方法来读这本书。比如你可以像通常那样，从头读到尾。你会了解很多林格伦生命中发生的故事，从她还是孩童起，到少女，到成年，到最后变成一位老太太。你也可以随意地翻阅，看看插图，这儿读一点，那儿读一点。无论怎么样都可以。

阿斯特丽德·林格伦自己曾经说过："有些人是爱读书的，可有些人永远都不想看到书。"我希望你是那个爱读书的人。因为如果你喜欢阅读，你就永远都不会感到无聊。

祝好！

阿格内斯·玛格丽特·比约万德

我希望为那些能创造奇迹的读者们写作。孩子们在阅读的时候会创造奇迹，所以孩子们需要书。

——阿斯特丽德·林格伦

阿斯特丽德·林格伦（1907 — 2002）

这是瑞典作家阿斯特丽德·林格伦。她活了很大的年纪，去世的时候已经 94 岁了。

她的一生中写了超过 100 本书，还写了超过 60 部电影和戏剧剧本。除此之外，她还写了非常多的歌曲。

林格伦有很多，很多，很多的故事。她的书和电影几乎永远都是在说怎么做个孩子，有时候是欢快地玩耍，可有时候也会遇到很大的麻烦。

我的这一本书要写的是林格伦的多彩人生，但也会写她的书和电影。因为她写出来的很多内容，都是她自己的亲身经历。

让我们从头开始，1907 年 11 月，我出生在一座老旧的红色小房子里，四周都是苹果树。

——阿斯特丽德·林格伦

纳斯来的农村姑娘

1907 年 11 月 14 日，星期四，阿斯特丽德出生在瑞典斯莫兰省一个叫维默比镇的小农庄里。这个农庄的名字叫纳斯，它现在还叫这个名字。（用挪威语念"纳斯"就和"鼻子"一个音。）阿斯特丽德就生在她爸爸通常睡的大床上。他们家四个孩子都出生在那里。

纳斯的孩子们，大哥古纳尔，妹妹斯蒂娜和更小的妹妹英格吉德，当然还有阿斯特丽德，四个孩子总是玩啊玩啊玩，就像吵闹村的孩子一样。

大哥古纳尔只比阿斯特丽德大一岁。他们在一起玩得最多，也总是他们俩来做决定。两个妹妹大多数时间都在和他们俩唱反调。

不过，有的时候有个妹妹还是很好的。比如在他们玩扮演医生的游戏的时候。古纳尔总是扮演医生，阿斯特丽德总是扮演护士，小妹妹只能做病人。有一次他们差点闯下大祸。他们拿了一个针筒给斯蒂娜打针，结果针筒里面装着的是杀虫剂。幸好最后杀虫剂没有弄到斯蒂娜身体里去。

你知道吗？

- 阿斯特丽德和她的兄弟姐妹出生时都姓艾瑞克森。

- 他们都有三个名字。加粗的是常用名。

  斯文·**古纳尔**·埃里克

  阿斯特丽德·安娜·艾米莉亚

  斯蒂娜·汉娜·英格丽德

  英格吉德·布里塔·萨洛美

- 没有人知道阿斯特丽德出生的时候有多高，但她成年的时候是 167 厘米。

孩子能像我一样长大既有趣又有意义，能够和不同年龄的人在一起。……这让我了解了许多有关人生的事，了解做人是那么那么不容易。

——阿斯特丽德·林格伦

家 庭

阿斯特丽德、古纳尔、斯蒂娜和英格吉德不是一个人住的，这和长袜子皮皮可不一样。他们和妈妈汉娜、爸爸萨穆埃尔·奥古斯特、爷爷萨穆埃尔·约翰，还有奶奶伊达住在一起。除此之外，农场里还住着好些农民和用人。这就好像是卡特胡尔特庄园里的淘气包埃米尔、伊达、丽娜和阿尔弗莱德。

妈妈汉娜和爸爸萨穆埃尔·奥古斯特都在农场工作。当阿斯特丽德还是孩子的时候，农场里没有拖拉机或是别的机械，所以农场的工作非常辛苦。不过很多人一起工作也会有很有趣的时候。在庄园里他们还要照顾好多动物：奶牛、马、山羊、绵羊和鸡。

家里的女佣睡在红色屋子的厨房里的沙发床上。夏天的时候，如果天气足够暖和，她们会睡到顶楼的阁楼里。有一个女佣叫西内。有时候阿斯特丽德和自己的兄弟姐妹们会偷看西内藏在箱子里的情书，在她男朋友来看她的时候笑话她。

你知道吗？

- 农庄里的男孩子住在那幢红色的房子里面。阿斯特丽德成为作家以后，她把那里想象成埃米尔的工作间。

- 农庄里有个男孩子叫贝莱。他没有父母，14 岁的时候来到纳斯工作。贝莱人很好，非常喜欢小朋友，就像埃米尔系列书里面的阿尔弗莱德一样。

- 有一次纳斯来了匹公马，谁都没法给它打马掌。还好贝莱在那里。他知道马的腿怕痒，所以他只抓住它的蹄子，这下子公马就好好地站在那里了。埃米尔在维默比的集市上第一次遇到卢卡斯这匹马的时候，他也是这么做的。

- 爷爷萨穆埃尔·约翰经常会说"哈吼吼吼吼"。吵闹村里的爷爷也经常会这样。

- 奶奶伊达非常会讲鬼故事。很多年之后，阿斯特丽德写了一本书讲述这些故事。这本书叫《毛骨悚然——斯莫兰最恐怖的鬼故事》。

自 然

阿斯特丽德觉得住在纳斯最好的一点就是那里的自然环境。

农场的周围有一些草地，动物可以在那吃草，孩子可以在那奔跑。四处都有花、果树和漂亮的鸟窝。

离农场不远的地方有条河，孩子们非常喜欢在里面游泳——但不要游到河的中心去，妈妈汉娜经常这么说。可是他们很快就把这抛到脑后了，如果不这样的话，怎么能学会游泳呢？

纳斯有世界上最好爬的树，又黑又粗，里面还有树洞。孩子们经常爬到树上，藏到树洞里去。

猫头鹰在树上有个窝，所以孩子们都把那棵树说成是"猫头鹰树"。有两次古纳尔干了很出格的事情：他把猫头鹰的蛋换成了普通的鸡蛋。猫头鹰一直孵着蛋，突然有一天它们成了小小的黄色小鸡的父母。

你知道吗？

- 阿斯特丽德一直特别喜欢爬树。她一辈子都在爬树，哪怕到老了都没停止。

  她总是说："反正圣经里没写老女人就不能爬树了！"
- 皮皮的故事里有棵树和猫头鹰树很像。

8

如果有人问我，我对童年有什么印象的话，
我最先想起的并不是人，而是大自然。

——阿斯特丽德·林格伦

玩呀玩呀玩，接着玩

纳斯的孩子们，只要他们愿意就可以一直玩，蹦跳，攀爬。有的时候，阿斯特丽德会在红色房子的屋顶上玩平衡游戏，那可是非常高的地方！通常那个时候，妹妹斯蒂娜就会站在底下大喊：

"阿斯特丽德，你这样太傻了！"

就和书里当疯丫头马迪根干危险事情的时候，丽萨贝特对她喊的一样。

很多在农场工作的人都有孩子，所以她总有很多伙伴。其中一个孩子叫艾迪特。她比阿斯特丽德大一点儿，她有一种神奇的技能，她会读书！她是最先给阿斯特丽德读童话故事的人。

阿斯特丽德和古纳尔读童话从来不会厌倦。在艾迪特读故事的时候，他们感觉仿佛自己周围都是仙女和山妖一样。

在农场外面，他们会把听到的故事表演出来，会模仿马戏团、印第安人。他们还玩寻宝游戏，就像皮皮一样。阿斯特丽德和古纳尔还喜欢踢足球。

纳斯有一座巨大的锯木屑山。孩子们在里面建造秘密通道，好躲在里面。这其实挺危险的，不过因为大人们都不知道，所以他们一直就这么玩。

我们一直在玩，无论清晨、晚餐时分还是夜晚，也和"吵闹村"书里的孩子们喜欢的一样。这确实就是真相。

——阿斯特丽德·林格伦

你知道吗？

- 现在阿斯特丽德的亲戚们把纳斯的红色房子叫作"吵闹村"，瑞典语叫 Bullerbyn（布勒尔布恩）。

- "吵闹村"是个真实的地方。这个农场实际的名字叫塞维德斯托普，距离纳斯 18 千米。这个农场里有三座红房子。阿斯特丽德的爸爸从小就住在中间的那一座，直到他 20 岁的时候和自己的父母及兄弟们搬家到了纳斯。

在纳斯做孩子很幸福，做萨穆埃尔·奥古斯特和汉娜的孩子更幸福。……我们有两样东西让我们的童年如此幸福——安全感和自由。

——阿斯特丽德·林格伦

安全和自由

孩子们应该尊重自己的父母，但父母也应该尊重自己的孩子，林格伦曾经这么说过。在纳斯确实就是这个样子的。

萨穆埃尔·奥古斯特非常爱自己的孩子，他还特别爱汉娜。林格伦小的时候，男人亲吻和拥抱自己的妻子还不是很寻常，但萨穆埃尔·奥古斯特就这么做，而且是每一天！

妈妈汉娜很严格，但她不会因为鸡毛蒜皮的事情唠叨。她不觉得孩子忘吃一顿饭有什么大不了的。反正那时候他们只要从橱柜里拿点吃的就好了。而且她从来不会因为孩子们弄脏或者弄破衣服而发脾气。

汉娜还允许孩子们在室内玩。有些时候他们会和皮皮一样，玩"不碰到地面"的游戏。他们在大卧室的家具上爬来爬去。或者他们会玩"点肚皮"的游戏，在房子里绕着圈子跑啊跑。他们在厨房里碰到的时候，就会用手指戳彼此的肚子，大喊"点肚皮"，就像是卡特胡尔特庄园里的埃米尔和伊达一样。

你知道吗？

- 在孩子玩"天使游戏"的时候，古纳尔和阿斯特丽德永远都扮演天使。斯蒂娜和英格吉德总是扮演天使要保护的小朋友的角色。

- 孩子们不能在会客厅玩耍。只有在圣诞节、复活节或是有客人来的时候他们才能到那里去。

纳斯的生活

全家都睡在同一个房间。爸爸睡在最大的床上。阿斯特丽德和古纳尔轮流睡在他旁边。阿斯特丽德觉得，这里是最安全的地方。她不睡在那里的时候，要睡在角落柜子旁边的一张儿童床上，那里特别吓人！阿斯特丽德觉得柜子的后面住着魔鬼，反正古纳尔是那么说的。

妈妈睡在一张能拉开的蓝色沙发上。她和最小的孩子们睡在一起。

在纳斯的卧室里，有一个篮子。阿斯特丽德的一个叔叔——兰纳德叔叔骗阿斯特丽德说，她是用这个篮子带到纳斯来的。才不是这样呢！她是在爸爸的大床上出生的。

艾瑞克森一家人都喜欢唱歌。他们还经常分声部唱和声。斯蒂娜说她和爸爸的声音不像别人的那么好听，所以他们俩总是在别人不在的时候自己唱，这样就没人会听到了。

你知道吗？

- 萨穆埃尔·奥古斯特不自己穿衣服，总是汉娜给他穿。
- 所有住在纳斯的人吃的鸡蛋、牛奶和肉都产自农场里的动物。
- 阿斯特丽德、古纳尔、斯蒂娜和英格吉德都睡鸡毛做的枕头。
- 床垫是用马的鬃毛和尾巴的毛做成的。

和非常相爱的父母一起长大是安全的，
无论你什么时候需要他们，他们都在那里。

——阿斯特丽德·林格伦

我是在我称为"马的时代"的尾巴上出生的。我出生的时候，道路上跑的还是马车，还不是汽车。我觉得做马车时代的孩童是很幸福的，我的童年非常快乐。

——阿斯特丽德·林格伦

《小小流浪汉》
——伟大的童话

　　几乎每个晚上都有流浪汉来到纳斯。流浪汉没有自己的地方住，所以就从这个农场住到那个农场。他们经常会讲些特别吸引人的故事，所以阿斯特丽德称这些流浪汉为伟大的讲故事的人。因为她知道很多有关流浪汉的故事，所以在很多年之后她写了《小小流浪汉》这本书。

　　流浪汉经常会来问他们能不能睡在仓库。通常他们会得到许可。不过在那之前，他们必须把手里的火柴交给萨穆埃尔·奥古斯特，以免不小心造成火灾。然后他们会问能不能给他们点吃的，汉娜总会给他们点东西吃。

　　有一次发生了怪吓人的事。萨穆埃尔·奥古斯特赶走了一个流浪汉，因为他没有事先征得同意，就睡在了谷仓里。几天之后他们在报纸上看到了新闻，就是讲这个流浪汉的：原来他是从监狱里逃出来的罪犯！

你知道吗?

- 艾瑞克森家族并不富裕，但阿斯特丽德的父母觉得帮助穷人和流浪汉是应该的。

- 纳斯的仓库特别长，有 105 米。那里有羊圈、马厩，还有一个容纳了 18 头牛的牛棚。除此之外还有谷仓，一般流浪汉就会被安排睡在那里。阿斯特丽德和别的孩子们经常从房梁上往下跳到谷堆上，落差有好几米呢。

> 我童年的圣诞节是最红火，最幸福，最让人向往的，
> 那是所有人都期待的充满了姜糖饼干香气的日子。
>
> ——阿斯特丽德·林格伦

家庭聚会和圣诞节

阿斯特丽德一直觉得家庭聚会总是那么有趣，尤其是外婆家的樱桃盛宴。在那个聚会上阿斯特丽德和她的兄弟姐妹们，还有所有别的孩子们，可以想吃多少樱桃就吃多少樱桃。

哦，圣诞节！阿斯特丽德特别喜欢圣诞节。纳斯的平安夜基本上和吵闹村的圣诞节一模一样。

阿斯特丽德印象最深的圣诞节，是她6岁时的那次。圣诞节的前两天，阿斯特丽德和古纳尔陪着爸爸一起到森林里去砍圣诞树。天气非常冷，在雪地里行走异常艰难，阿斯特丽德全程都在哭。不过，最后他们找到了一棵特别好的圣诞树。平安夜的早晨，特别特别早的时候，阿斯特丽德和古纳尔就被允许和爸爸一起来

装扮这棵圣诞树了。

那天晚些时候，阿斯特丽德和古纳尔两个人在会客厅里面，抱了抱所有的圣诞礼物包裹。

"你觉得你会从奶奶那得到特别好的礼物吗？"古纳尔问。

其实阿斯特丽德不太相信，因为特别好的礼物特别难得，如果得到的话，会感觉超级幸福的。

可当夜晚终于来临，他们打开自己的礼物包裹的时候，阿斯特丽德真的得到了奶奶的超级礼物。那是一双浅咖啡色的冬季靴子，这是她这辈子见过的最漂亮的最好的靴子。

你知道吗？

- 圣诞节过后的第二天，阿斯特丽德和家人们总是会去参加外婆家的圣诞聚会。他们会坐马拉的雪橇，那两匹马分别叫玛吉和毛德。
- 阿斯特丽德的外婆叫洛依莎。大家都叫她"有着柔软双手的洛依莎"。这是因为她是个非常好的助产士。
- 阿斯特丽德的外公叫尤纳斯·彼得。他在阿斯特丽德3岁的时候就去世了。

我刚学会阅读的时候，能有一本新书是那么难得，几乎是痛苦的美妙，我都会从闻它的气味开始。

——阿斯特丽德·林格伦

阿斯特丽德上学了，遇见了马迪根

快到 7 岁的时候，阿斯特丽德终于开始上学了。虽然妈妈第一天陪她一起去的学校，她还是感觉很害怕。当老师叫她名字的时候，她就开始哭了。不过还好，很快她的恐惧心理就消失了。在那之后，她就可以自己阅读了！

阿斯特丽德的老师非常严格，圣诞节前，他发了一本册子，里面有一些圣诞书籍和小抄本的图片。如果有钱的话，就可以订一本书。阿斯特丽德买的第一本书，就叫《白雪》。它闻起来的气味美妙极了，而且书里写的都是非常激动人心的童话故事。不过，阿斯特丽德直到圣诞节后第一天从教堂回家之后，才被允许阅读这本书。妈妈汉娜是这么规定的。

在上学路上，阿斯特丽德要路过一座大大的石头房子。有一天她遇到了住在那座房子里的一个女孩。她的名字叫安娜·玛丽亚。阿斯特丽德和安娜·玛丽亚很快成了最要好的朋友。她们总是一起玩。你知道安娜·玛丽亚被叫作什么吗？她就是马迪根。

你知道吗？

- 阿斯特丽德和马迪根做了一辈子的好朋友。马迪根什么都不害怕，非常坚强。就是马迪根教会阿斯特丽德怎么打架的。

- 所有生活在纳斯的孩子们都有绰号：

  古纳尔被叫作吉（GEE），这是因为他的名字（古纳尔·埃里克·艾瑞克森）的缩写就是这样。

- 阿斯特丽德被叫作贝勒，那是农场里的一匹工作的马匹的名字。

- 斯蒂娜被叫作斯利玛。兄弟姐妹们说她刚学写字的时候就是这么写自己的名字的。

- 英格吉德的绰号是"妈妈的尼肯"。这好像是因为她小时候说话还不利落的时候，想说妈妈的钥匙，但发不出钥匙的正确读音。

27

我们享有自由，但不意味着我们总是自由的。我们必须要学会如何工作。

——阿斯特丽德·林格伦

有些事总得有人去做

阿斯特丽德和她的兄弟姐妹们有很多时间去玩耍，但他们也必须在农场帮忙。比如，他们要拾麦穗，还要给母鸡找蓖麻。

所有的孩子从很小的时候开始就都学会了做事情必须有始有终。如果他们在洗东西的时候开小差，妈妈汉娜就会说："加油，别停下！"

阿斯特丽德不喜欢弹风琴，但妈妈决定她一定得学。阿斯特丽德必须一直练习，跟一位名叫艾比·安克维斯特的老师上课。

　　有几次阿斯特丽德真的非常非常不想去上课，但除非她生病，要不然都不能缺课。阿斯特丽德知道她不能对妈妈撒谎，所以她想到了一个很聪明的主意。

　　她倒立了很久很久，直到自己的脑袋都开始真的疼起来。然后她就和妈妈说，她的头非常疼，不能去弹琴了。而这确实是事实！

你知道吗？

- 阿斯特丽德当时特别不喜欢弹的风琴，现在还在纳斯那座红色房子的客厅里呢。
- 阿斯特丽德年纪很大了之后，有人问她这辈子有什么后悔的事情。她说，有两样事情是她很希望当时学会了的：

  弹风琴！

  高山滑雪！

29

"亲爱的，我不想变大。"

"你是想说长大吧？"吉米说。

"如果我说了变大，我就是想说变大。"皮皮说。

——《长袜子皮皮去海上》(1948)，阿斯特丽德·林格伦

童年结束了

突然有一天，阿斯特丽德发现要玩耍变得异常困难。那是在她 12 岁半的时候。阿斯特丽德非常难过。她明白自己不再是孩子了，但她也还没有成为成年人。她要怎么办呢？

阿斯特丽德开始读书，读很多很多的书。或许这就是为什么她长大之后能写得那么好的原因吧？

阿斯特丽德在青少年时期就很擅长写作。她上学的时候有一篇作文还被发表在了当地的报纸《维默比时报》上。作文的题目是《我们的农场》。

《我们的农场》讲了女孩英卡和玛雅用一只死老鼠模拟葬礼的故事。故事的最后，很多孩子都聚集在了一起。这听起来还不错，但当孩子们开始吵架的时候，游戏就结束了。

你知道吗?

- 阿斯特丽德 12 岁半的时候，
  艾瑞克森全家搬到了一座大
  一点的房子，它就建在原先
  的红房子的旁边。那里还有
  一个黄色的露台。

- 在很多年之后，阿斯特丽德
  在描写皮皮的房子的时候，
  心里想着的就是这座黄色房
  子。

- 艾瑞克森家搬出去之后，红色
  的房子被隔成了三套公寓，给
  在农场里工作的人住。

做青少年真无聊

阿斯特丽德小的时候非常快乐，有很多好朋友。虽然到了青少年时期，她还是有很多朋友，但她觉得生活很不开心。

"我对自己没有自信。"阿斯特丽德说。她觉得自己长得很难看。她确信没有人会爱上她。她觉得这简直糟透了。

不过，阿斯特丽德和她的朋友们还是做了很多有趣的事情。他们会去电影院，去戏院，还会去跳舞。

阿斯特丽德特别喜欢跳舞。冬天的时候他们在斯塔斯酒店跳舞，那是一间粉色的酒店，就在维默比的广场旁边。在《马迪根和约尼巴肯的皮姆斯》那本书里，阿尔瓦就是在这儿跳的舞。

你知道吗？

- 阿斯特丽德觉得在电影院看到的美国电影太棒了。她有一次看到一个女孩在擦地板的时候把刷子绑在自己脚上。还有一次，她看到电影里的一个女孩，有点疯狂，她把自己的马养在屋子里。是不是听起来有点像皮皮？

我阅读所有我能得到的东西，这给我安慰，
我这辈子都是这样……我完全不知道我会成为什
么样的人，这也让人感觉难过。

——阿斯特丽德·林格伦

我 15 岁的时候什么样？我察觉到我变成大人了，可我不喜欢做大人。

——阿斯特丽德·林格伦

淘气鬼阿斯特丽德

阿斯特丽德上学上到 15 岁半，一共上了 9 年学。

阿斯特丽德在学校成绩很好，考试分数很高，尤其是德语和英语。她在瑞典语课上也非常厉害，所有的考试里都能拿到最高的分数。

不过，阿斯特丽德不止有善良和聪明的一面。她和班级里别的女孩子经常和老师们开玩笑，把别的同学都逗笑。大家都觉得她很淘气。

有时候，她们也会捉弄城里的人。她们会把一些系着细细的线的小包裹放在人行道上，当有人弯下腰去捡这个包裹的时候，女孩们就拉动那根线。人们跑到校长那边去告状，阿斯特丽德就被批评了。

在她变成青少年不再能自由玩耍的时候，她总得找到点什么有趣的事情做。

你知道吗？

- 阿斯特丽德上学的时候，她对两件事特别自豪。首先是她弹跳力特别好，跳高能跳 135 厘米。第二件就是她特别擅长写作文，不过阿斯特丽德特别坚定地认定自己是不会成为作家的。

- 她住在城里的朋友们没有农场需要她们帮忙。但阿斯特丽德自己就住在农场，所以她逃不掉。甚至在她参加坚信礼的那天，她还得工作。她一个上午都在收玉米，到了下午才去参加坚信礼。

- 阿斯特丽德参加坚信礼的那年，她也从学校毕业了。

当我们习惯在书本里面寻找快乐和
安慰的时候，我们就再也离不开它们了。

——阿斯特丽德·林格伦

第一份工作

当地报纸《维默比时报》的主编叫兰霍德·布鲁贝格。他读过阿斯特丽德在学校里写的作文。虽然那个时候还很少有女孩在报社工作，但兰霍德希望阿斯特丽德能做实习记者。这就是阿斯特丽德的第一份工作，当时她 16 岁。

刚开始的时候她写的都是豆腐块文章，例如戏剧广告。她也必须处理一些日常的事务：接电话，校对，写广告。阿斯特丽德非常勤奋，能力很强。很快她就开始为报纸写长文章了。

阿斯特丽德非常喜欢写作。不过尽管在《维默比时报》，她得到了很多赞赏，大家说她会成为作家的，她自己还是觉得她不会成为作家。不过有份工作做还是不错的，因此她觉得继续做记者是很好的选择。

你知道吗?

- 阿斯特丽德在报社工作的时候,一个月的薪水是 60 克朗。

- 《维默比时报》的办公地点现在还在。那是一座浅黄色的楼,在斯图大街 30 号,离维默比的广场不远。

阿斯特丽德剪了短发

阿斯特丽德有点叛逆，也非常勇敢。在她还是少女的时候，只有男孩子才能剪短发。所有的女孩子都必须穿裙子，留长头发。不过阿斯特丽德才不这样，不！她想穿裤子，佩戴帽子和领带。她是维默比第一个剪短发的女孩，那时候她才 17 岁。

阿斯特丽德剪短发没有征求自己父母的同意。在她剪完之后，她给家里打了电话，当时是萨穆埃尔·奥古斯特接的电话。

"嗨，爸爸。我剪了短发。"阿斯特丽德说。

"哦，不，哦，不！那你就别回家了。"善良的萨穆埃尔·奥古斯特用特别难过的声音这么说。

不过，阿斯特丽德还是回了家，坐在了厨房里。家里所有人都一声不吭。他们只是绕着她，盯着她的短发看。

你知道吗？

- 当阿斯特丽德剪头发的时候，她剪了美国 20 世纪 20 年代非常流行的一种发型。女孩希望和男孩看上去一个样。

- 有一次阿斯特丽德和全家人去探望外婆。因为阿斯特丽德剪了短发，所有人都觉得外婆肯定会生气的，因为她是位非常严厉的女士。不过外婆说："人家爱说什么说什么，我觉得咱姑娘的发型挺好看的！"

大概 17 岁的时候，我明白生活不可能像我想象的那样。然后我就疯狂了，只有一个愿望……我想让尽可能多的人爱上我。

——阿斯特丽德·林格伦

"这一天，就是一生。" 这是说我们要好好地利用这一天，就好像这是我们最后的日子那样。我们要珍惜每一个时刻，感受我们是真正地活着。

——《海滨乌鸦岛》(1964)，阿斯特丽德·林格伦

去流浪

阿斯特丽德 17 岁的时候，她被报社派去写游记。于是，她开始了旅行。

早上 9 点，阿斯特丽德和五个女性朋友一起坐上了维默比的火车。和她一起的是马迪根和另外四个女孩——埃尔韦塔、葛莱塔、宋雅和玛塔。她们的旅途持续了整整 10 天，就像是流浪者一样，不停地转火车、汽车和船。

一路上，阿斯特丽德写下了自己所有的经历和遇到的人。她们参观了一座古老的宫殿和一座修道院的遗迹。在一个很小的叫格莱纳的地方，她们买到了一种叫"波尔卡猪"的红白相间的薄荷糖。那个时候阿斯特丽德写："世界上最美好的事情莫过于吃到格莱纳的波尔卡猪薄荷糖。"

有一天她们到了一所很大的房子，名字叫斯特朗。艾伦·凯住在那里，她是一名非常著名的作家。

"孩子们，你们要做什么？"艾伦·凯很严肃地问她们。

"我们想看看斯特朗。"女孩们羞涩地回答道。

她们得到了允许，可以参观。突然有条大狗冲了出来，咬了葛莱塔的腿。女佣帮她包扎的时候，女孩们也得到允许进到了这间漂亮的大房子里。在那宽敞的走廊上，有一面墙上写着"这一天，就是一生"这句话。这句话阿斯特丽德一辈子都没忘记。

你知道吗？

- 阿斯特丽德把这些游记说成是"在流浪"。
- 咬了葛莱塔的那条狗，名叫金子，是一条圣伯纳犬，就像《海滨乌鸦岛》那本书里的波特曼一样。
- 帮葛莱塔包扎的女佣叫玛琳，就和《海滨乌鸦岛》里佩雷的姐姐一样。
- 在瑞典，很早的时候我们把甜食叫作"猪"，然后也很流行跳波尔卡。所以阿斯特丽德那时候吃的糖果名字叫"波尔卡猪"。

41

在那之前，从没有人真正地爱过我，除了他。我当然觉得那很让人激动。

——阿斯特丽德·林格伦

怀 孕

阿斯特丽德18岁的时候，发生了一件很特别的事情：她恋爱了。这是个秘密，因为她的男朋友是报纸的主编，兰霍德·布鲁贝格。他当时都快50岁了，有妻子，还有很多孩子。

兰霍德非常爱阿斯特丽德。他想离婚，再和阿斯特丽德结婚。但阿斯特丽德觉得他管她管得太多了。

阿斯特丽德和兰霍德继续着秘密的恋情。半年之后，阿斯特丽德怀孕了。在那个年代，未婚先孕是极大的丑闻。阿斯特丽德和兰霍德必须守住这个秘密。他们相互承诺不把这件事情告诉任何人。

不过到了夏天的时候，阿斯特丽德怀孕的秘密很难藏住了。她不想让维默比的所有人都对她指指点点，所以她决定去斯德哥尔摩。那里没有任何人认识她，她想在没人知道的情况下生下孩子。

你知道吗？

- 当然，妈妈汉娜和爸爸萨穆埃尔·奥古斯特是知道阿斯特丽德怀孕的事情的。他们当然不愿意维默比的人说阿斯特丽德的闲话，但他们也不想让她嫁给兰霍德。于是，最好的选择是她去斯德哥尔摩读书。

- 阿斯特丽德在《维默比时报》工作了两年半。她拿到了一封老板写的非常好的推荐信。兰霍德在信里说她工作很有热情，非常有写作的天赋。

43

我觉得自己寂寞而贫困。寂寞是因为我大概真的很孤独，贫困是因为我所有的财产只有一克朗。我收回"大概"这个词。我对这个冬天充满恐惧。

——阿斯特丽德·林格伦

贫穷而寂寞
——但很会爬树

阿斯特丽德在斯德哥尔摩一个人都不认识，甚至都没钱吃饭。不过，她很想自己能独立生活。

阿斯特丽德想要接受秘书的培训，希望找到一份工作，这样不久之后她就能照顾自己，还有肚子里的孩子。她开始在一个叫巴洛克学院的地方学习。他们教会了她怎么用打字机，说外语，还有速记。速记的意思就是用非常快的速度及用奇怪的符号做记录。

阿斯特丽德最初在斯德哥尔摩住的房子是在阿特里尔大街 8 号的一座大石头房子。有一次她被锁在了外面，房间里的烤箱里还烤着食物，她必须尽快在食物烤焦之前进到房子里去。幸好，阿斯特丽德很擅长爬树。她先从公寓外面走廊里的一扇玻璃窗爬出去，然后在房子外围很窄的边沿上平衡自己。她住在五层，这可比纳斯的红房子高两倍。最后，她到了厨房的窗外，刚好爬进去拯救自己烤的食物。

你知道吗？

• 在阿斯特丽德成为作家以后，她的每本书都是她用速记的方法写下来的。她喜欢这么做，因为这样她能让写作的速度赶上她的思维。下面这行字表明的是"长袜子皮皮是世界上最厉害的女孩"。

45

阿斯特丽德做妈妈了

阿斯特丽德和兰霍德想找到一个安全的地方，让阿斯特丽德在不被任何人知道的情况下生下他们的孩子。阿斯特丽德决定去丹麦。在那里她可以不用说谁是孩子的父亲。

在丹麦，阿斯特丽德和一位非常善良的名叫玛丽亚·史蒂文斯的女士住在一起。12月4日星期六，拉瑟出生了。他的名字其实是拉尔斯，但阿斯特丽德叫他拉瑟。阿斯特丽德觉得做母亲真的非常美好。

她和自己的儿子一直待到圣诞前夜，随后她回了纳斯。她怕如果她不在圣诞节前回家的话，会被大家说闲话。

拉瑟必须留在丹麦和玛丽亚住在一起。她是他的寄养家庭，直到阿斯特丽德能自己照顾孩子为止。在今天这听上去可能非常古怪。拉瑟也不能和自己的爸爸住在一起。因为他的妻子另有其人。他不能让任何人知道他和阿斯特丽德生了个孩子。

阿斯特丽德非常非常想念拉瑟。幸好，拉瑟在玛丽亚那儿过得很开心。他有自己的"兄弟"埃斯和卡尔。埃斯和拉瑟一样，也是寄养儿童。卡尔是玛丽亚的儿子。他16岁了，非常善良，很愿意帮忙，他几乎就像是拉瑟的爸爸一样。

阿斯特丽德努力工作攒钱，尽可能多地去探望拉瑟。有时候兰霍德也会一起去。他还是希望阿斯特丽德能嫁给他，不过阿斯特丽德发现自己并不愿意嫁给他。

我的儿子躺在我的怀中。他的手那么那么小。一只手紧紧地攥住了我的食指。我一动不敢动，生怕一动他就放手了。

——《卡蒂在巴黎》（1953），阿斯特丽德·林格伦

HÅBETS ALLÉ

你知道吗？

- 拉瑟叫玛丽亚母亲，叫阿斯特丽德妈妈。

- 从斯德哥尔摩到哥本哈根要很长时间。阿斯特丽德单程要花 14 个小时。

47

想念拉瑟

阿斯特丽德完成自己的学业之后开始做秘书的工作。她每个月挣 150 克朗。这钱不多，只够她付房租，买吃的穿的和去哥本哈根看望拉瑟。阿斯特丽德很少能吃饱吃好，还好，她时不时地能从妈妈汉娜那里拿到几筐子吃的。

阿斯特丽德决定去图书馆。斯德哥尔摩的图书馆非常大，好几层楼里都是书。阿斯特丽德希望能看尽可能多的书，去忘却自己又饿又凄惨。她拿了一本又一本，期待自己之后能好好阅读。她抱着书到了柜台。

"我能看一下你的借书卡吗？"图书馆员问。

"借书卡？"阿斯特丽德回答，"我没有借书卡。"

"那你就借不了书。"柜台图书馆员很严肃地说。

阿斯特丽德太难过了，她开始号啕大哭。办借书卡要花一个星期的时间！阿斯特丽德这次只能空手回家去了。

不过一个星期之后她拿到了借书卡，借回了一兜子的书。她借着阅读来安慰自己，就像年少的时候那样。

你知道吗？

- 虽然阿斯特丽德去看拉瑟的时候都买最便宜的票，但还是要 50 克朗。这是她月收入的三分之一。

- 阿斯特丽德借的其中一本书是挪威作家卡努特·汉姆森的《饥饿》。阿斯特丽德坐在板凳上读着这本书，大声地笑出声来。她觉得在书里她看到了自己，这本书是讲一个男人在奥斯陆的生活——每天挨饿。

那些不能和自己的孩子在一起的时光，我是如此的痛苦。我觉得我自己有天然的母性，我是这么这么爱这个孩子。

——阿斯特丽德·林格伦

虽然看上去并不是这样，但孩子其
实适应新环境并不容易。

——阿斯特丽德·林格伦

拉瑟回家了

在三年的时间里，差不多每个月阿斯特丽德都会收到拉瑟的寄
养母亲玛丽亚的长信。信里面讲述了拉瑟过得怎么样，他做了什么
有趣的事，说了什么有趣的话。阿斯特丽德会一遍遍地读这些信。

有一天，阿斯特丽德收到玛丽亚重病的消息，她不能再照顾拉
瑟了。阿斯特丽德不希望拉瑟去一个新的家庭，所以把他接到了瑞典。
拉瑟来到斯德哥尔摩的时候刚满 3 岁。

阿斯特丽德非常高兴能和拉瑟在一起，不过拉瑟过得不太好。
他没有幼儿园可以去，阿斯特丽德又全天都要工作。他们每天晚上
都睡不了多久，因为拉瑟得了百日咳，整晚都在咳嗽。

"那是我这辈子经历的最糟糕的夜晚。"阿斯特丽德后来说。

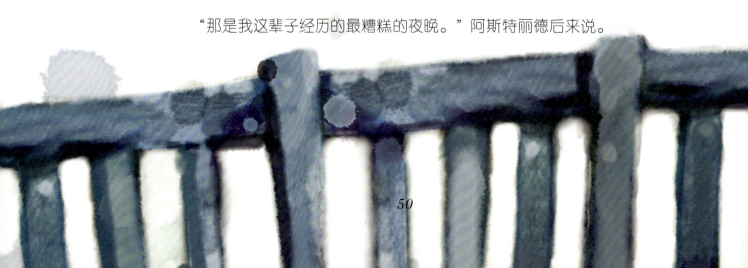

因为这样，汉娜和萨穆埃尔·奥古斯特说拉瑟可以到纳斯和他们一起生活。他们终于决定不再在意周围的人说什么了。拉瑟可以在纳斯奔跑，玩耍，爬树，就像阿斯特丽德小时候那样。

"这才是属于他的地方。"汉娜说。

拉瑟在纳斯住到了 4 岁半。

你知道吗？

- 当拉瑟到维默比的时候，他说的是丹麦语。但几个月后，他就开始说当地话，就像埃米尔一样。
- 斯蒂娜阿姨是拉瑟住在纳斯时的妈妈。
- 拉瑟非常喜欢动物。有一次他头发里长了虱子。当斯蒂娜阿姨把那些虱子除去的时候，他觉得非常生气。他甚至觉得她好坏，杀掉了那些小动物。它们还甚至是属于他的小动物。
- 拉瑟决定最大的那头母猪要叫班姆森。在吵闹村里，洛塔的小猪玩偶也叫这个名字。

卡琳出生了

拉瑟住在纳斯的时候，阿斯特丽德在斯德哥尔摩的公司上班。她的老板叫斯图雷·林格伦，他们俩成为了男女朋友。在拉瑟4岁半的那个复活节，阿斯特丽德和斯图雷结婚了。他们在纳斯的黄房子里举行了一个小小的婚礼。

婚礼之后，阿斯特丽德、斯图雷和拉瑟一起搬家到了斯德哥尔摩。阿斯特丽德终于能作为母亲和自己的儿子住在一起。他们一起玩啊玩啊玩，有一天在公园滑雪的时候，阿斯特丽德的裙子崩裂了。回家的路上拉瑟必须一路都站在她身后，以免别人看到。

拉瑟7岁半的时候，妹妹卡琳出生了。阿斯特丽德、拉瑟和卡琳整天都待在一起，斯图雷去上班。阿斯特丽德是个非常聪明的妈妈，就和自己的妈妈汉娜一样，她很坚决，但从来不唠叨。

拉瑟、卡琳和阿斯特丽德经常待在户外，他们经常在斯德哥尔摩的公园里玩。他们爬上爬下，跑啊跳啊，滑雪滑冰。夏天的时候，他们会去弗鲁森的夏季度假屋。在那里他们可以全天都玩耍，游泳。斯图雷和阿斯特丽德都很喜欢给卡琳和拉瑟读书。

你知道吗？

- "过来让我抱抱，让我把你的油都挤出来。"阿斯特丽德经常这么对自己的孩子说，意思就是她想要紧紧地拥抱他们。

- 在她开始写书之前，阿斯特丽德为周刊写过一些小故事和圣诞故事。或许她觉得这有点害羞，所以她经常不用自己的真名。她把自己叫成阿斯塔·林德洛夫。有些时候她还会用 A.L. 这个缩写做笔名。

父母该让孩子有独立的空间，但应该在孩子的附近，孩子有需要的时候给她帮助。

——阿斯特丽德·林格伦

53

我们从火山大街 *12* 号搬到了达拉大街 *46* 号。哪怕是在战争期间，我还是很高兴我们有一间美丽的公寓，我知道我们无比幸运，因为还有好多人连片遮风挡雨的屋顶都没有。

——阿斯特丽德·林格伦

超级机密工作

在阿斯特丽德成为作家之前，她有过两份秘密的工作。首先是为哈利·索德曼工作。通常他被叫作左轮手枪哈利，因为他总是带着左轮手枪。哈利是一个犯罪技术学家，他知道怎么去追踪小偷和别的罪犯，这样警方就能抓到他们。

阿斯特丽德帮助哈利写了一本非常秘密的书，这可以帮助警方的工作。这本书这么秘密是因为只能让警察读，不能让小偷看到，要不他们就知道怎么骗过警察了。

在二战期间，阿斯特丽德做了第二份秘密的工作。她和马迪根还有很多别的人一起，拆开阅读了寄往和寄出瑞典的上千封信件。他们要确保在信里没有写任何危险的信息，比如可能会伤害瑞典的情报。

如果是普通的信件，阿斯特丽德就会把信重新封好寄出。她从这些信里面读出了很多内容，比如在战争中人们所经历的伤痛。

有些信读起来很有趣，比如说情书。阿斯特丽德觉得读别人的信是件很不堪的事情，所以她之后把这份工作称为"不堪的工作"。

你知道吗？

- 阿斯特丽德在帮左轮手枪哈利写书的过程中，学到了很多有关于指纹、毒物和密码的知识。她把自己学到的这些知识都用到了她写《大侦探小卡莱》的过程中。

- 阿斯特丽德非常害怕战争。她在日记里记录下了世界上和自己家发生的所有事。

- 1941 年，阿斯特丽德、斯图雷、拉瑟和卡琳搬进了位于达拉大街 46 号的一间公寓，就在瓦萨公园的边上。阿斯特丽德后来一辈子都居住在这间公寓里。

阿斯特丽德成为了作家

卡琳 7 岁的时候，有一次她生病必须卧床静养。她觉得特别无聊，就一直缠着妈妈给她讲有意思的故事。

"想让我讲什么呢？"阿斯特丽德问女儿。

"就讲长袜子皮皮的故事吧！"卡琳是这么说的。

于是阿斯特丽德就开始讲皮皮的故事，这一讲就是好多年。她给卡琳、卡琳的朋友，还有自己妹妹的孩子们讲。卡琳和其他的孩子都成了皮皮的朋友——就像书里的汤米和阿尼卡一样。

1944 年 3 月里的一天，斯德哥尔摩下了雪。阿斯特丽德在外面散步的时候在冰上滑倒了，扭伤了脚。有好多天的时间，她都不能下床，这可把她闷坏了。于是，她就开始把皮皮的故事写下来。在卡琳 10 岁生日的时候，她把它们作为生日礼物送给了卡琳。

阿斯特丽德也同时把这些故事寄给了一家出版社，不过他们当时不想出这本书。后来，阿斯特丽德对这本书做了更多的修改之后，寄给了另外一家出版社，参加他们组织的一个比赛。她获得了第一名！这样她就正式成为作家了。

你知道吗？

- 皮皮这本书的奖金是 1500 克朗。这差不多相当于今天的 30 000 克朗，对阿斯特丽德来说，这是非常大的一笔钱。

- 在阿斯特丽德等待皮皮出版的过程中，她又参加了一个写给女孩的书的比赛。她写了一个故事，题目叫《布里特·玛丽放松心情》。这个故事获得了比赛的二等奖，在 1944 年出版了，比长袜子皮皮的第一本书还早一年。

爱写作

阿斯特丽德终于成为作家之后，她就想一直一直写下去。她的心中装着那么多故事，等着落到笔端。

刚开始，她写了好几本关于皮皮和吵闹村的孩子们的故事，还写了《大侦探小卡莱》的故事。后来她写了叮当响的大街的小洛塔的故事，还有马迪根、埃米尔、屋顶上的小飞人等人的故事。有些书非常的有趣。另外的有些书会严肃和悲伤一些，例如《米欧，我的米欧》《小小流浪汉》和《狮心兄弟》等。

在阿斯特丽德刚开始写作的时候，当时很多写童书的作家写作的目的是为了让孩子能从书里学到点什么。阿斯特丽德不是那样的作家。她写作的原因首先是她觉得编故事很有趣，而且她觉得用孩子能理解的词句写作非常的重要。

你知道吗？

- 阿斯特丽德觉得她的作品里应该要配上非常好的插图。当时很多瑞典最有名的艺术家都为她的书画过插图，比如英格丽·万·纽曼、里昂·维克兰、比约恩·贝格和马丽特·通科韦斯特。

- 有一天，阿斯特丽德翻书的时候突然看到了一幅插图，特别像是她心目中的埃米尔的样子。所以，她打电话给这幅画的画家比约恩·贝格，问他能不能为埃米尔的书再创作几幅画。他当时就答应了。

对我来说最有趣的就是早晨。房子里还很安静，电话没有开始响。我会喝杯咖啡，然后再爬回床上，拿出我的速记本开始写作。

——阿斯特丽德·林格伦

一本好的童书应该是怎么样的？如果问我的话，我想了很久，只找到了一个答案：它应该是好的。

——阿斯特丽德·林格伦

阿斯特丽德成为了编辑

阿斯特丽德不仅仅是作家。在她写了四本书之后，她开始在出版了她的书的出版社工作。她成为了编辑，负责童书和青少年书籍的工作。

阿斯特丽德会阅读别的作家寄到出版社的作品，决定哪些可以出版。她给很多作家写了很长的信，帮助他们写出更好的书。或许阿斯特丽德是个很严格的编辑，她认为童书应该和给成人的书一样好。

阿斯特丽德的一天分成两个部分。她会很早起床，在吃午饭之前做作家的工作。她一直是在床上写作的。午饭之后她去出版社，在剩下的时间里做编辑的工作。"最有趣的工作莫过于发现好的童书，没有什么比这更好的事情了。"阿斯特丽德是这么说的。

阿斯特丽德也为自己的书做编辑。这很不寻常，但她希望自己能控制整个流程。如果是皮皮或是埃米尔的书要重新出版，只有阿斯特丽德有权修改文本，别人连一个标点符号都不能改。

你知道吗？

- 阿斯特丽德在1946年到1970年间在拉本&舍格伦出版公司的童书部门做编辑部主任。

- 阿斯特丽德在出版社的时候还翻译了很多书。有些时候她用安娜·艾瑞克森或是艾米莉亚·艾瑞克森的笔名。只有知道她的真名是阿斯特丽德·安娜·艾米莉亚的人才会发现是她翻译的那些书。

- 每次她要做一些很困难或是无趣的事情的时候，她总是会像从前妈妈汉娜那样对自己说："继续干，不要停！"

我或许是有一点"名气"，但我不想写它。

——阿斯特丽德·林格伦

所有的想法都是从哪里来的？

通常，阿斯特丽德觉得写作很容易。她从自己的童年获得了很多灵感，她也很擅长从自己去过的地方和遇到的人身上汲取灵感。

很多阿斯特丽德的书都起源于一个名字，比如长袜子皮皮，也比如埃米尔。

"你知道埃米尔做了什么吗？"阿斯特丽德对着不停尖叫的孙子卡尔·约翰说。然后卡尔·约翰就完全安静下来了，之后他听到了有关埃米尔的第一个故事。

维默比的墓地里有一个坟，上面有个铁的十字架。这是很早很早以前，年纪很小就死去的两兄弟的坟。阿斯特丽德看到这个十字架，就想要写一本关于死亡和兄弟的书。这就是《狮心兄弟》这本书的由来。

你知道吗？

- 阿斯特丽德的生日是 11 月 14 日。在瑞典这是埃米尔和艾米莉亚的命名日。阿斯特丽德全名里就有艾米莉亚这个部分。所以她在后来创作了一个有关埃米尔的故事就不奇怪了吧？

- 你记得小伊达在故事结尾时唱的歌《腿上长了弹簧》吗？这是阿斯特丽德的侄子说出来的。

- 如果你看过《叮当响大街的小洛塔》这部电影，你或许记得有一次下雨天，洛塔坐在雨中的山坡上，希望自己会生长得和自己的姐姐们一样大。这个想法是阿斯特丽德从几个朋友那边得来的，他们的孩子就做过一模一样的事情。

63

所有的人都是孤独的，虽然你周围可能有很多人环绕你，他们让你感觉不到这种孤独。但总有一天……

——阿斯特丽德·林格伦

孤独

阿斯特丽德说自己从没爱过自己的丈夫，所以与他的婚姻并不很容易。他经常爱上新的女人，这让阿斯特丽德很难过。不过，她是喜欢斯图雷的。他因病去世让她非常难过。斯图雷去世的时候才53岁，不过那时他已经生病了很长时间了。他一直酗酒，虽然也尝试着戒过，但都没有成功。

这下子，在达拉大街的公寓里只剩下两个人了。拉瑟在几年前结婚，搬出去住了。卡琳还住在家里。这对阿斯特丽德来说是个安慰。在斯图雷去世之后，阿斯特丽德说："我先是非常想和我的孩子们在一起，之后想和我的朋友们在一起。不过后来，我只想和自己在一起。完完全全只想一个人。"

阿斯特丽德觉得，人学会一个人也能开心是很重要的。

你知道吗？

- 阿斯特丽德喜欢独处，却也很害怕寂寞。
- 阿斯特丽德在写作的时候需要独处。每个夏天她都会去夏季小屋，她的很多书都是在那里写的。
- 阿斯特丽德有好几本书都涉及寂寞的孩子，尤其是寂寞的男孩。例如在孤儿院的男孩，《小小流浪汉》里的男孩，还有在《米欧，我的米欧》书里的寄养儿童波瑟。

世界上发生的所有大事，都先出现在某些人的幻想之中。

——阿斯特丽德·林格伦

瑞典最贵的驾照

阿斯特丽德 47 岁的时候，她突然决定要学习开车。她学了很多很多小时，才终于可以接受考试。1954 年圣诞节前她迎来了大日子。考官坐在阿斯特丽德的旁边，陪她在斯德哥尔摩开了一圈，他能决定她是不是可以获得驾照。

不过，等她开完指定的路线，考官摇了摇头。

"林格伦女士，你不能拿到驾照！"

"你不能在圣诞节前这么做！"阿斯特丽德说，"要是打起仗来，我需要驾照可以让我安全送我女儿和孙子孙女！"

"哦，亲爱的林格伦女士，对你的孩子来说，你驾驶车子比战争还要危险。"考官是这么说的。

不过，最终阿斯特丽德还是拿到了驾照。她把这称作是"瑞典最贵的驾照"，因为她上驾驶课交了非常非常多的课时费。

一年之后，阿斯特丽德的车撞上了墙。后来，她就把自己的车卖了，骑起了自行车。

你知道吗？

- 拿到驾照之后，阿斯特丽德开的是辆沃尔沃 PV444 的车。
- 阿斯特丽德是不太喜欢现代科技的。比如，她喜欢用老式的打字机写作，而不是电动的那种。

见不到我的孩子，还有孙子孙女们，

我会非常想念他们。

——阿斯特丽德·林格伦

家庭很重要

阿斯特丽德非常喜欢和家人在一起。很快他们家里有了很多人。拉瑟有三个孩子：马斯、安妮卡和安德斯。卡琳有四个孩子：卡尔·约翰、马琳、尼尔斯和欧勒。后来她又有了第四代。

全家人都很喜欢在弗鲁森的夏季度假屋住。不过如果全家都在那里，会打扰到阿斯特丽德写作。所以她做了件特别聪明的事情：她在那附近买了两座房子，一座给拉瑟家，一座给卡琳家。

在林格伦成为非常有名的作家之后，能远离都市和所有的电话信件对她来说是件好事。在夏天的时候，她可以放松心情，沉下心来写作。每天早晨，她会在码头游泳。

每年夏天，阿斯特丽德也会到维默比和在纳斯的家人住几个星期。古纳尔和他的家人，妈妈汉娜和爸爸萨穆埃尔·奥古斯特依旧住在那座黄色房子里。1965年，在纳斯停止农耕之后，阿斯特丽德买下了那间红房子。她做了很好的打算。她找了一些老家具和内饰，把房子重新改造成她童年时候的样子。每当她要睡觉的时候，她就会躺在爸爸萨穆埃尔·奥古斯特的那张旧床上。

你知道吗？

- 阿斯特丽德非常喜欢自己的夏季小屋，每次到那边去，她都会高兴得跳起舞来。

- 阿斯特丽德在弗鲁森的夏季小屋就在电视剧《海滨乌鸦岛》拍摄的小岛边上。海滨乌鸦岛的真名是北岛，人们可以坐船去到那里。

- 当阿斯特丽德在弗鲁森住的时候，会在很多奇怪的地方写上一些日记。比如她在阳台上木凳子的下面留下了日记。

"大人从来不会找乐子。"皮皮那么说。

"他们也不会玩。"安妮卡说，"哎，可人总是要长大的！"

——《长袜子皮皮去海上》（1948），阿斯特丽德·林格伦

纳斯那个危险的女巫

阿斯特丽德觉得最有意思的事就是和自己及古纳尔的孙辈们在纳斯的红房子里玩。有时候阿斯特丽德会扮成危险的女巫，去抓孩子。

女巫住在厨房里面。她在面包铲上放上巧克力块，然后把它伸出厨房的门，拿来引诱孩子们。当孩子们来拿巧克力的时候，他们就会被面包铲抓住，被女巫拖进厨房，关进一个木头箱子里面。

"现在我要拿大剪刀来剪你们的头发了。"阿斯特丽德装出女巫的声音说。不过为了去拿剪刀，女巫要转身背对着木头箱子。这时候孩子们就会从木头箱子里跑出来，重获自由。

这是特别受欢迎的游戏，不过也稍稍有点吓人。古纳尔的一个孙子说："我们知道阿斯特丽德不是真的女巫，但是她自己真的是这么觉得的！"

你知道吗?

- 现在古沃尔、巴布洛和埃尔沃继承了纳斯的红房子和黄房子。她们是古纳尔和妻子古兰的三个女儿。

- 古沃尔、巴布洛和埃尔沃每年夏天都会回到纳斯。人们可以在那家叫"波雅"的小店见到她们,也可以参观她们为古纳尔、斯蒂娜和英格吉德做的展览。

71

强大的人，必须善良。

——《你认识长袜子皮皮吗？》（1947），阿斯特丽德·林格伦

永远不要暴力！

阿斯特丽德认为打孩子是不对的，当然不是所有人都同意她的想法。有些家长觉得他们有权用自己乐意的方式来教养孩子。阿斯特丽德觉得，就和皮皮一样，拥有力量的人必须善良。而成年人正是拥有力量的人。

1978 年，阿斯特丽德获得了德国颁发的一个重要的和平奖。她在那里做了答谢的演讲，演讲的题目是《永远不要暴力》。在演讲中她说："如果我们希望世界和平，那我们就得从孩子开始。孩子长大之后，将由他们领导这个世界。他们会决定世界是战争还是和平。所有的孩子都该在爱之中长大，或许这样世界上就会少一点暴力。"

阿斯特丽德这番有关儿童教育的演讲在瑞典及其他一些国家获得了广泛关注。在阿斯特丽德这次演讲的一年之后，瑞典立法禁止父母及他人打孩子。

你知道吗？

- 1979 年，瑞典成为世界上第一个立法禁止对儿童使用暴力的国家。挪威在 1981 年通过了相似的法律。

- 阿斯特丽德有好几本书都是关于人们不应该体罚和伤害儿童的，例如写马迪根的书里就有穷人家的女孩米亚因为偷钱被老师打了，但马迪根站出来反对。就像阿斯特丽德说的那样，"不行，不行，不行，不行！"马迪根大喊，幸好老师就此停下手来。

只是一坨屎

阿斯特丽德是个很勇敢的人，她从来不怕表达自己真实的想法。比如她觉得，牛、猪、鸡还有别的动物在它们活着的时候应该有好的条件。因为动物们不能为自己发声，阿斯特丽德就为它们说话。

"在夏天，母牛、公牛和小牛应该在户外吃草。"阿斯特丽德说，"猪和鸡应该获得更大的活动空间。"

阿斯特丽德是在农场长大的，在那里，他们总是很好地照料他们的动物。

很多人都同意阿斯特丽德的看法，所以到最后政府也就采纳了她的想法。阿斯特丽德 80 岁的时候，她从首相英卡·卡尔森那里得到了一份礼物——一部名叫《林格伦法案》的动物保护法。

最初，阿斯特丽德非常高兴得到这样的礼物。可当她读了这部法案之后，她还是不太满意。"这部法案不够有力！"阿斯特丽德这么说。

她觉得，在瑞典当权的人应该为动物做更多事。后来的很多年，阿斯特丽德继续为动物争取权利而努力着。

有些事情人必须去做，要不然人就不为人，只是一坨屎。
——《狮心兄弟》（1973），阿斯特丽德·林格伦

你知道吗？

- 阿斯特丽德和一位叫克里斯蒂娜·福斯伦的兽医一起，在报纸上写了很多有关于动物权益的文章。你可以在一本叫作《牛也应该活得快乐》的书里面读到这些文章。

- 阿斯特丽德创作的所有儿童角色里面，她最喜欢的是埃米尔。他非常喜欢动物，就和阿斯特丽德一样，他后来也拥有了很多的动物：马儿卢卡斯，小鸡哈尔特·洛塔，小牛罗拉和小猪克努恩。

在所有可以坐下来吃东西的地方里，我最喜欢的就是在树上。

——《叮当响的大街的孩子们》（1958），阿斯特丽德·林格伦

你知道吗？

- 在《佩尔·布斯林》这本书里，阿斯特丽德写到了一个病得很重的男孩叫古然。每天晚上里翁科瓦斯特先生都会来看古然，然后他们就一起飞越斯德哥尔摩的上空。这就和阿斯特丽德在热气球上做的一模一样。在写完里翁科瓦斯特先生的故事之后，这个人物突然又出现在她的脑海中。不过这时候他已经变得有点顽皮，背上背着螺旋桨。所以他就变成了小飞人卡尔松。

老奶奶也可以玩

阿斯特丽德到了很大年纪也没有停止玩耍。如果她看到一棵可以爬的树，她就会去爬。在她 70 岁的时候，她还能快速爬上电线杆呢。

阿斯特丽德最喜欢的就是大自然。不需要做什么特别的事，她就很享受待在大自然里，可以闻到森林的气息，听到鸟儿的歌唱。

阿斯特丽德最大的爱好之一就是去墓地。有一个夏日，阿斯特丽德和好朋友艾尔莎有点无聊，艾尔莎说："到了秋天，我们该找点有意思的事情，我们去墓地吧。"

她们确实就这么做了，而且不仅仅是在那里随便逛逛，四处看看。她们有自己的游戏，叫作"一次七墓碑"。她们从一块墓碑跑到另一块墓碑，比赛谁能最快地数出墓碑的数量。她们还比赛谁能在墓地里找到最美的名字。

阿斯特丽德 86 岁的时候，她坐热气球飞越了斯德哥尔摩上空。她想从空中看看斯德哥尔摩长什么样。她就像书里的里翁科瓦斯特先生和小飞人卡尔松一样，飞越了所有的屋顶。

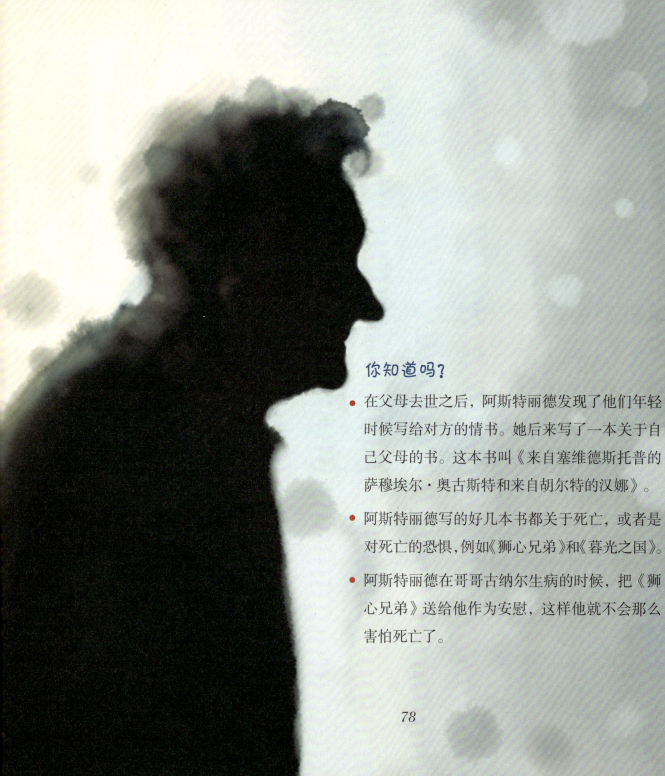

你知道吗？

- 在父母去世之后，阿斯特丽德发现了他们年轻时候写给对方的情书。她后来写了一本关于自己父母的书。这本书叫《来自塞维德斯托普的萨穆埃尔·奥古斯特和来自胡尔特的汉娜》。

- 阿斯特丽德写的好几本书都关于死亡，或者是对死亡的恐惧，例如《狮心兄弟》和《暮光之国》。

- 阿斯特丽德在哥哥古纳尔生病的时候，把《狮心兄弟》送给他作为安慰，这样他就不会那么害怕死亡了。

死亡，死亡，死亡

阿斯特丽德和妹妹斯蒂娜、英格吉德经常通电话。有时候她们开头就会说，"死亡，死亡，死亡"，这样她们就算是谈论完死亡了。

阿斯特丽德失去了很多她深爱的人。活到94岁这样的年龄，这样的事情很稀松平常。她的妈妈汉娜在1961年去世了。这很令人难过，尤其是对爸爸萨穆埃尔·奥古斯特来说。他是那么爱自己的妻子。

爸爸萨穆埃尔·奥古斯特在1969年去世。他最后的几年是在一家养老院度过的。每次阿斯特丽德去看他，都会读书给他听。萨穆埃尔·奥古斯特非常喜欢听埃米尔的故事，因为在卡特胡尔特的生活非常像是他小时候。

1974年哥哥古纳尔去世了。他一直是阿斯特丽德最好的朋友。他是拉瑟在吵闹村里的榜样，是最会捉迷藏的人。皮皮和吵闹村里的孩子们就是从他那里学的这个游戏。

阿斯特丽德也失去了很多的朋友，包括马迪根。但最糟的事情发生在1986年。拉瑟因为癌症去世了。

"孩子们死在他们的父母前头是不对的。"阿斯特丽德说，"失去拉瑟是我这辈子最痛苦的事情。"

我想念他，就像胸中刺了根针。

——《绿林女儿罗妮娅》(1981)，阿斯特丽德·林格伦

我最想做的事，就是像一只小动物一样，孤单地坐在森林里。

——阿斯特丽德·林格伦

记忆和白日梦

在视力和听力退化之后，阿斯特丽德还是保持着积极的生活。卡琳给了她很多帮助，除此之外她还有一名叫卡斯丁·柯文特的私人秘书。卡斯丁帮阿斯特丽德朗读收到的信件。当阿斯特丽德要回信的时候，她会口述，让卡斯丁写下来。

最后的几年时间，阿斯特丽德已经没办法出门了。这个时候她特别想念大自然。她经常听音乐来消遣，她非常喜欢莫扎特的音乐。

阿斯特丽德非常希望能够帮助别人。她听到有人或是动物受苦都会非常难过。

每天晚上阿斯特丽德会躺在床上，在睡着之前做白日梦。她会梦见有人敲她的门，门外站着一个又冷又饿的孩子。阿斯特丽德幻

想着自己把孩子带到温暖的地方，给他食物，给他热巧克力，给他洗澡，给他很多关爱。

"世界上有那么多孩子生活在痛苦中，而事实上我帮不了那么多人。不过，我起码能在晚上帮助照顾他们，哪怕仅仅是在我的幻想中。"林格伦说。

你知道吗？

- 阿斯特丽德总共收到过 75 000 封信，所以她需要别人帮忙来回信也不是什么奇怪的事。

- 1997 年，林格伦 90 岁的时候，她被评选为"年度瑞典人"。当阿斯特丽德从女王储维多利亚手中拿到这个奖的时候，她说："你们把'年度瑞典人'的奖发给了一个老得不得了，半盲，半聋，差不多全疯的人。我们该确保不要散布这个消息，要不然人们该觉得所有瑞典人都是这个样子了。"

人活着，该和死亡做朋友，我是这么
觉得的。嗒，啦，啦。

——阿斯特丽德·林格伦

你知道吗？

• 阿斯特丽德的葬礼上有很多音乐，其中就包括《狮心兄弟》电影里的音乐。

• 马迪根也葬在维默比的墓地里。很早很早以前，阿斯特丽德和马迪根就说好两人死后也要互相捉弄。

生命总会终结

1998 年 5 月，阿斯特丽德中风了，此后她的身边必须一直有护士看护。阿斯特丽德很不开心，卡琳和孙辈们也很难和她谈话。阿斯特丽德说得最多的事情都是在很久很久以前，那些在拉瑟去世之前的事情。

阿斯特丽德会听广播和莫扎特，也喜欢卡琳给她念埃米尔的故事。

2002 年 1 月 28 日，星期一，早上 10 点，阿斯特丽德在达拉大街的家中去世了。她不是孤身一人，卡琳和两位护士及一位医生都陪伴在她身旁。

当阿斯特丽德去世的消息传开之后，好多人在她公寓外的门口点起了蜡烛，放上了花束。对很多人来说，阿斯特丽德都有着重要的意义。她一直都在，就像是《绿林女儿罗妮娅》里的老狐狸斯卡拉·佩尔一样。

3 月 8 日，星期五，阿斯特丽德的葬礼在斯德哥尔摩大教堂举行。这是一个很美的葬礼，她的棺木被马车运到教堂，沿途有超过 10 万人为她送行。瑞典皇室的全体成员都参加了葬礼。

依据她自己的心愿，阿斯特丽德被葬在了维默比的墓地。她和自己的父母葬在了一个墓穴里，就在哥哥古纳尔墓的旁边。阿斯特丽德的墓上立着一块来自纳斯的漂亮的墓碑。

阿斯特丽德·林格伦的世界

给孩子们爱，更多爱，更多爱。爱是对一个孩子来说最重要的东西。如果孩子获得了爱，他们也会获得安全感，阿斯特丽德曾这么说过。

阿斯特丽德用自己的幻想给很多人带来了快乐。她的书被翻译成超过 90 种文字。有几亿的孩子和成人都读过皮皮、埃米尔、罗妮娅以及其他她所创造的人物的故事。

今天我们依旧能够通过书本和电影感受阿斯特丽德的故事。我们可以去探访她在维默比的童年的家。在她童年故居的边上有一个文化中心，名字就叫阿斯特丽德·林格伦的纳斯。在那里常设一个有关阿斯特丽德的一生的展览，漂亮的花园里有所有她曾经最喜欢的花和树。

在维默比还有阿斯特丽德·林格伦的世界。在那里你可以见到皮皮、埃米尔、卡尔松、罗妮娅、拉斯姆斯和马迪根，以及更多阿斯特丽德创造出的人物。距离维默比开车不远的地方，你还能去看看塞维德斯托普和吉博力德，那是吵闹村和埃米尔的电影拍摄地。

如果你去斯德哥尔摩，你可以去参观儿童文化中心。那里你能在奇幻火车之旅上，听阿斯特丽德讲故事，去到卡特胡尔特和樱桃山谷，以及其他的她所创造出的世界。

斯德哥尔摩的皇家图书馆里还有一个超级大的林格伦档案馆，收藏她所有书的手稿、上千封信件和图片。瓦萨公园的旁边，就是她的故居，那里依旧保持着阿斯特丽德生前的样子，2015 年那里被改造成一家博物馆，这样大家都能去参观了。

如果我能点亮一个痛苦的童年，我就满足了。

——阿斯特丽德·林格伦

阿斯特丽德人生中重要的年份

1875

1 月 5 日,爸爸萨穆埃尔·奥古斯特出生。

1879

1 月 9 日,妈妈汉娜出生。

1888

萨穆埃尔·奥古斯特爱上了汉娜,这样的爱持续了一生。

1895

4 月 30 日,萨穆埃尔·奥古斯特和他的父母兄弟从塞维德斯托普搬家到了维默比的纳斯。纳斯是牧师的庄园,萨穆埃尔·奥古斯特一家为牧师工作。他们开垦土地,饲养动物,开车接送牧师。

1903

汉娜来到维默比学习纺织。汉娜和萨穆埃尔·奥古斯特开始恋爱。

1905

6 月 30 日,汉娜和萨穆埃尔·奥古斯特结婚了。他们在汉娜父母家举办了一个盛大的婚礼宴会。不过婚礼之后,汉娜不能马上跟着萨穆埃尔·奥古斯特回纳斯去。她妈妈要求她在婚礼之后,必须留在家里打扫清理两个星期。

1906

7 月 27 日,阿斯特丽德的哥哥古纳尔出生了。

1907

11 月 14 日,阿斯特丽德出生。

1911

阿斯特丽德当姐姐了:3 月 1 日,斯

蒂娜出生了。

1912

马迪根（安娜·玛丽亚·英格斯特罗姆，结婚后改姓福里耶斯）搬家来到名叫图维利康的大石头房子里。这座房子至今还矗立在纳斯到维默比市中心的路上。阿斯特丽德和马迪根一辈子都是最好的朋友。

1914

8月7日，阿斯特丽德上学了。

1916

3月15日，妹妹英格吉德出生了。

1920

夏天的时候，阿斯特丽德和家里人一起搬到了纳斯那座大黄房子里。就在这个夏天，阿斯特丽德在12岁半的时候突然觉得要玩耍变得很困难。

1921

阿斯特丽德因为自己写的故事《我们的农场》发表在9月7日的《维默比时报》上而成为了"名人"。

没有书的童年，根本不算是童年。你能在梦幻的世界里找到世上最稀有的快乐。

——阿斯特丽德·林格伦

1923

阿斯特丽德完成了坚信礼，在学校学习了9年之后，完成了考试。

1924

阿斯特丽德开始在《维默比时报》工作。

1925

阿斯特丽德成为维默比第一个剪短发的姑娘。

7月3日到7月13日，阿斯特丽德和5个女性朋友一起去旅行，为报纸写游记。秋天的时候，她和《维默比时报》的主编兰霍德·布鲁贝格秘密恋爱了。

1926

春天的时候阿斯特丽德怀孕了。阿斯特丽德和兰霍德秘密订婚。秋末，阿斯特丽德一个人搬家去了斯德哥尔摩，参加秘书的培训。

12月4日她在哥本哈根生下了儿子拉瑟。

1927—1930

拉瑟在哥本哈根住在一个寄养家庭里。阿斯特丽德在经济允许的情况下时常去探望他。

她在斯德哥尔摩做秘书。1928年她开始为KAK(皇家汽车俱乐部)工作，在那里她与斯图雷·林格伦相遇了。

1930

1月28日，拉瑟来到斯德哥尔摩和阿斯特丽德一起生活。5月他搬去纳斯，和外公外婆及阿姨斯蒂娜一起生活。

1931

4月4日阿斯特丽德和斯图雷·林格伦结婚了。拉瑟、阿斯特丽德和斯图雷一起搬家到了斯德哥尔摩火山大街12号。

1933

阿斯特丽德开始为报纸和刊物写一些故事赚钱。第一个故事叫《圣诞老人神奇的图画收音机》。图画收音机和电视机很相似。这是阿斯特丽德想象出来的，当时瑞典还没有电视机。

1934

5月21日，女儿卡琳出生了。

阿斯特丽德第一次去弗鲁森的夏季度假屋。斯图雷的父母住在那里。刚开始的时候他们租了那个房子，后来他们向萨穆埃尔·奥古斯特借了点钱，花10 000克朗把它买了下来。阿斯特丽德后来的很多书都是在那里写的，就在房子外面的阳台上。

阿斯特丽德作为速记员，帮助探案专家哈利·索德曼为警方写了一本秘密的手册。

1939

9月1日，第二次世界大战爆发，阿斯特丽德开始写战争日记，记录下世界上发生的所有邪恶的事情。

阿斯特丽德在《今日新闻》这份报纸发表了第一篇公开的评论文章，题目是《身为儿童的艺术》。

1940

在第二次世界大战中阿斯特丽德担任了一份秘密的工作，在瑞典国防部的情报部门审阅所有出入境的信件。

1941

阿斯特丽德为卡琳和她的朋友们讲长袜子皮皮这个故事。长袜子皮皮这个名字是卡琳想出来的。

阿斯特丽德、斯图雷、拉瑟和卡琳搬到了达拉大街46号的公寓里。阿斯特丽德在那里度过了余生。

1944

阿斯特丽德把皮皮的故事写了下来，每周二把它们交给卡琳。

阿斯特丽德写的第一本书在一次有关女孩的书的比赛中获得了第二名：《布里特·玛丽放松心情》。

人们不该恐吓孩子让他们不安。不过，孩子和大人一样，也需要被艺术感动。我们的灵魂中应该有那些美好的东西，要不然我们只是沉睡的。大家时不时地需要哭泣，需要惊吓，书能给我们这一切。如果孩子读到什么他们不喜欢的内容，他们可以直接翻页过去，那就过去了。

——阿斯特丽德·林格伦

1945

《长袜子皮皮》在拉本＆舍格伦出版公司组织的童书写作比赛中获得一等奖，之后以书的形式出版了。

1946

《大侦探小卡莱》的第一本书出版了。

阿斯特丽德开始在拉本 & 舍格伦出版公司做编辑。

1947

吵闹村系列的第一本书出版了。

第一部《大侦探小卡莱》的林格伦电影开拍。

1948

阿斯特丽德第一次去了美国，为一本周刊写游记。她非常不满当时美国对待黑人的态度。她的那一系列游记后来都被收在了 1950 年出版的《卡莱在美国》这本书里。

1950

阿斯特丽德因为 1949 年出版的《佩尔·布斯林》这本书获得了一个重要的奖项——尼尔斯·霍尔格尔森奖章，这是一块漂亮的印着照片和名字的玻璃奖章。阿斯特丽德是第一位获得这个奖章的作家。

拉瑟结婚了。

1952

阿斯特丽德的丈夫去世了。斯图雷 6 月 15 日去世，他当时只有 53 岁。

1954

《米欧，我的米欧》出版了。

阿斯特丽德决定要学习开车。她上了很多驾驶课。

1955

阿斯特丽德开始开车。不过一年之后她就放弃了，她意识到自己不是个好司机。

第一本有关于弟弟和小飞人卡尔松的书出版了。

1956

《小小流浪汉》出版。

1957

阿斯特丽德开始与导演奥尔·赫尔布姆合作。他们一起合作了 17 部电影。

1958

卡琳结婚。

第一本有关叮当街的书出版。

阿斯特丽德因为《小小流浪汉》这本书获得国际安徒生奖。在这之前，国际安徒生奖是世界上最重要的童书奖。当今ALMA奖是最大最重要的儿童文学作家奖。ALMA奖是在林格伦去世之后，为了纪念她设立的奖项。ALMA就是阿斯特丽德·林格伦纪念奖。

1960

第一本有关马迪根的书出版。

1961

妈妈汉娜去世了，享年82岁。

1963

第一本有关埃米尔的书出版。

阿斯特丽德写了电视剧《海滨乌鸦岛》，这是她第一次为电视剧写故事。这个剧集是以阿斯特丽德的帆船命名的。《海滨乌鸦岛》的书在1964年出版了。

我写作的时候，希望写的是我小时候希望能看到的书。我一直在为了我心里的那个孩子写书。

——阿斯特丽德·林格伦

1965

阿斯特丽德买下了纳斯的红色房子。

1967

拉本&舍格伦出版公司在阿斯特丽德60岁生日的时候建立了阿斯特丽德·林格伦奖，每年颁发给一位瑞典童书作家。

1969

爸爸萨穆埃尔·奥古斯特去世，享年94岁。

1970

阿斯特丽德从拉本&舍格伦出版公司编辑和童书部主编的岗位上退休。她继续写作。

当我写作的时候，所有的痛苦都离我远去了。

——阿斯特丽德·林格伦

1973

《狮心兄弟》出版。

1974

5月27日，哥哥古纳尔去世，终年67岁。

1976

阿斯特丽德突然发现她和很多别的人交的税比他们的实际收入还要多。她觉得这很不公平，所以她在报纸上写了一个故事。这是庞贝李波萨的故事，她和阿斯特丽德发现了一样的事情。她很生气，所以她用乞讨得来的钱去买了一根撬棍，用来把自己的钱偷回来。

这个有关庞贝李波萨的故事在瑞典引起了很大的讨论。当时社民党已经执政44年了，但在这之后它变得不受欢迎，第二次选举的时候就下台了。在瑞典很多人都认同阿斯特丽德的话，他们不再给社民党投票了。

1978

阿斯特丽德获得了德国书业的和平奖。

阿斯特丽德的演讲《永远不要暴力》引起了很大的反响，第二年瑞典通过了禁止对儿童使用暴力的法律。

1981

阿斯特丽德写下了自己最后一部长篇小说：《绿林女儿罗妮娅》。

一些住在维默比的父母们建了一个迷你版的卡特胡尔特。他们觉得能建造出阿斯特丽德书里的那些房子很有趣。这就是后来维默比那个阿斯特丽德·林格伦世界的源起。

1985

阿斯特丽德开始在报纸上发表保护动物权益的文章。

1986

林格伦的儿子拉瑟7月22日去世，享年59岁。

1987

阿斯特丽德80岁生日的时候，首相向

她承诺会设立动物保护法。这部法律后来得名《林格伦法案》。

1988

阿斯特丽德因其对瑞典儿童电影做出的贡献，获得古德贝格奖。

1996

斯德哥尔摩尤尼巴肯儿童文化中心开张。阿斯特丽德在童话列车上写作和朗读。

1997

阿斯特丽德被选为年度瑞典人。

妹妹英格吉德在 9 月 21 日去世，享年 81 岁。

1998

阿斯特丽德中风，在那之后她必须时刻有人陪伴。

2002

阿斯特丽德 1 月 28 日去世，享年 94 岁。

瑞典政府设立了 ALMA 奖，全名是阿斯特丽德·林格伦纪念奖。

妹妹斯蒂娜 12 月 27 日去世，享年 91 岁。

书中的阿斯特丽德·林格伦的语录

第 1 页

有些人是爱读书的，可有些人永远都不想看到书。

《第一本阅读书》前言，1982

第 2 页

我希望为那些能创造奇迹的读者们写作。孩子们在阅读的时候会创造奇迹，所以孩子们需要书。

《孩子因此需要书》，《斯克里图书馆》，第三期，1958

第 4 页

让我们从头开始，1907年11月，我出生在一座老旧的红色小房子里，四周都是苹果树。

《阿斯特丽德·林格伦谈自己》，拉本 & 舍格伦出版公司，1972

第 6 页

孩子能像我一样长大既有趣又有意义，能够和不同年龄的人在一起。……这让我了解了许多有关人生的事，了解做人是那么那么不容易。

《记忆……》《来自塞维德斯托普的萨穆埃尔·奥古斯特和来自胡尔特的汉娜》，拉本 & 舍格伦出版公司，1975

第 8 页

反正圣经里没写老女人就不能爬树了！

电视剧《硬汉》，这是有关于阿斯特丽德的朋友艾尔莎·奥乐纽斯的，1979

第 9 页

如果有人问我，我对童年有什么印象的话，我最先想起的并不是人，而是大自然。

《记忆……》《来自塞维德斯托普的萨穆埃尔·奥古斯特和来自胡尔特的汉娜》，拉本 & 舍格伦出版公司，1975

第 13 页

我们一直在玩，无论清晨、晚餐时分还是夜晚，也和"吵闹村"书里的孩子们喜欢的一样。这确实就是真相。

阿斯特丽德·林格伦，玛格蕾塔·斯特罗姆斯特和杨·胡戈·诺曼（照片）：我的斯莫兰，拉本 & 舍格伦出版公司，1987

第 14 页

在纳斯做孩子很幸福，做萨穆埃尔·奥古斯特和汉娜的孩子更幸福。……我们有两样东西让我们的童年如此幸福——安全感和自由。

《记忆……》《来自塞维德斯托普的萨穆埃尔·奥古斯特和来自胡尔特的汉娜》，拉本 & 舍格伦出版公司，1975

第 19 页

和非常相爱的父母一起长大是安全的，无论你什么时候需要他们，他们都在那里。

《来自塞维德斯托普的萨穆埃尔·奥古斯特和来自胡尔特的汉娜》，拉本 & 舍格伦出版公司，1975

第 21 页

我是在我称为"马的时代"的尾巴上出生的。我出生的时候，道路上跑的还是马车，还不是汽车。我觉得做马车时代的孩童是很幸福的，我的童年非常快乐。

《孩子因此需要书》，《斯克里图书馆》，第三期，1958

第 24 页

我童年的圣诞节是最红火，最幸福，最让人向往的，那是所有人都期待的充满了姜糖饼干香气的日子。

《我童年的圣诞节》，《我们的年鉴》，1966

第 26 页

我刚学会阅读的时候，能有一本新书是那么难得，几乎是痛苦的美妙，我都会从闻它的气味开始。

《绿山墙的安妮和钢铆钉的男人》，摘自《爱书人》第 11 期，1955

第 28 页

我们享有自由，但不意味着我们总是自由的。我们必须要学会如何工作。

《来自塞维德斯托普的萨穆埃尔·奥古斯特和来自胡尔特的汉娜》，拉本 & 舍格伦出版公司，1975

第 30 页

"亲爱的，我不想变大。"

"你是想说长大吧？"吉米说。

"如果我说了变大，我就是想说变大。"皮皮说。

《长袜子皮皮去海上》，1948

第 33 页

我阅读所有我能得到的东西，这给我安慰，我这辈子都是这样……我完全不知道我会成为什么样的人，这也让人感觉难过。

《一个女人的四种生活》，年份未知——大约是 20 世纪 40 年代末至 20 世纪 50 年代初广播演讲稿

第 34 页

我 15 岁的时候什么样？我察觉到我变成大人了，可我不喜欢做大人。

《一个女人的四种生活》，年份未知——大约是 20 世纪 40 年代末至 20 世纪 50 年代初广播演讲稿

第 36 页

当我们习惯在书本里面寻找快乐和安慰的时候，我们就再也离不开它们了。

《书的未来》，选自《来自塞维德斯托普的萨穆埃尔·奥古斯特和来自胡尔特的汉娜》，

拉本 & 舍格伦出版公司，1975

第 39 页

大概 17 岁的时候，我明白生活不可能像我想象的那样。然后我就疯狂了，只有一个愿望……我想让尽可能多的人爱上我。

《一个女人的四种生活》，年份未知——大约是 20 世纪 40 年代末至 20 世纪 50 年代初广播演讲稿

第 40 页

"这一天，就是一生。"这是说我们要好好地利用这一天，就好像这是我们最后的日子那样。我们要珍惜每一个时刻，感受我们是真正地活着。

《海滨乌鸦岛》，1964

第 42 页

在那之前，从没有人真正地爱过我，除了他。我当然觉得那很让人激动。

斯蒂娜·达布罗斯基的电视访谈实录：斯蒂娜·达布罗斯基与七位女士的访问，

1993

第 44 页

我觉得自己寂寞而贫困。寂寞是因为我大概真的很孤独，贫困是因为我所有的财产只有一克朗。我收回"大概"这个词。我对这个冬天充满恐惧。

给哥哥古纳尔的信，1928 年 11 月

第 47 页

我的儿子躺在我的怀中。他的手那么那么小。一只手紧紧地攥住了我的食指。我一动不敢动，生怕一动他就放手了。

《卡蒂在巴黎》，1953

第 49 页

那些不能和自己的孩子在一起的时光，我是如此的痛苦。我觉得我自己有天然的母性，我是这么这么爱这个孩子。

雅克布·福尔塞尔（主编）：阿斯特丽德的图片，马克思·斯特罗曼图书出版社，2006

第 50 页

虽然看上去并不是这样，但孩子其实适应新环境并不容易。

阿斯特丽德·林格伦给玛卡列达·斯特罗姆斯泰特的自传笔记，1976—1977

第 53 页

父母该让孩子有独立的空间，但应该在孩子的附近，孩子有需要的时候给她帮助。

《每周记录》中的采访，1949 年春天

第 54 页

我们从火山大街 12 号搬到了达拉大街 46 号。哪怕是在战争期间，我还是很高兴我们有一间美丽的公寓，我知道我们无比幸运，因为还有好多人连片遮风挡雨的屋顶都没有。

《阿斯特丽德的日记》，1941 年 10 月 1 日

第 56 页

当我终于体验到写作的快乐之后，再没有什么能让我停下来！

《希望你不要去通知儿童保护协会——期待与拉本 & 舍格伦出版公司共度一生》，谢尔·布伦德，帕尔·弗兰克，扬·拉格斯特德和盖尔·龙贝格等人共同编辑：《拉本，舍格伦和其他人——出版社 50 年历史》，拉本 & 舍格伦出版公司，1992

第 59 页

对我来说最有趣的就是早晨。房子里还很安静，电话没有开始响。我会喝杯咖啡，然后再爬回床上，拿出我的速记本开始写作。

《当我享受安静的时候》，大约写于 1952 年（出版地不详）

第 60 页

一本好的童书应该是怎么样的？如果问我的话，我想了很久，只找到了一个答案：它应该是好的。

《与未来童书作家的谈话》，《儿童与文化》，1970 年第六期

第 62 页

我或许是有一点"名气"，但我不想写它。

《阿斯特丽德的日记》，1946 年 12 月 26 日

第 64 页

所有的人都是孤独的，虽然你周围可能有很多人环绕你，他们让你感觉不到这种孤独。
但总有一天……

给萨拉·伦克朗兹的信，1973 年 12 月 31 日

第 66 页

世界上发生的所有大事，都先出现在某些人的幻想之中。

《孩子因此需要书》，《斯克里图书馆》，第三期，1958

第 68 页

见不到我的孩子，还有孙子孙女们，我会非常想念他们。

《阿斯特丽德的日记》，1970 年 12 月 25 日

第 70 页

"大人从来不会找乐子。"皮皮那么说。

"他们也不会玩。"安妮卡说，"哎，可人总是要长大的！"

《长袜子皮皮去海上》，1948

第 72 页

强大的人，必须善良。

《你认识长袜子皮皮吗？》，1947

第 74 页

有些事情人必须去做，要不然人就不为人，只是一坨屎。

《狮心兄弟》，1973

第 76 页

在所有可以坐下来吃东西的地方里，我最喜欢的就是在树上。

《叮当响的大街的孩子们》，1958

第 79 页

我想念他，就像胸中刺了根针。

《绿林女儿罗妮娅》，1981

第 80 页

我最想做的事，就是像一只小动物一样，孤单地坐在森林里。

接受《晚邮报》采访，1986 年 12 月 26 日

第 82 页

人活着，该和死亡做朋友，我是这么觉得的。嗒，啦，啦。

与玛卡列达·斯特罗姆斯泰特在电视节目《阿斯特丽德·安娜·艾米莉亚》中的谈话，1987

第 84 页

给孩子们爱，更多爱，更多爱。

有关儿童权益的辩论稿，《家庭妇女》第 15 期，1948

第 85 页

如果我能点亮一个痛苦的童年，我就满足了。

出处未知，1991

第 88 页

没有书的童年，根本不算是童年。你能在梦幻的世界里找到世上最稀有的快乐。

《关于读者》，《我们的家庭妇女》第 10 期，1956

第 90 页

人们不该恐吓孩子让他们不安。不过，孩子和大人一样，也需要被艺术感动。我们的灵魂中应该有那些美好的东西，要不然我们只是沉睡的。大家时不时地需要哭泣，需要惊吓，书能给我们这一切。如果孩子读到什么他们不喜欢的内容，他们可以直接翻页过去，那就过去了。

《每日新闻》的采访，1959 年 9 月 8 日

第 92 页

我写作的时候，希望写的是我小时候希望能看到的书。我一直在为了我心里的那个孩子写书。

《快报》的采访，1970 年 12 月 6 日

第 92 页

当我写作的时候，所有的痛苦都离我远去了。

玛卡列达·斯特罗姆斯泰特的《阿斯特丽德·林格伦：童话外婆的精彩人生》，拉本 & 舍格伦出版公司，1999

本书中的图片

挪威插画家丽莎·埃伊沙托为本书绘制了插图。她的一些创作受到了许多真实照片的启发。

3 页和 59 页：阿斯特丽德的红色头巾
照片：斯蒂格·格兰·尼尔森，1977 年左右

5 页：纳斯的家
照片：斯坦哈特，1918 年

10 页：阿斯特丽德童年的家，纳斯的红色房子
照片：雅克布·佛塞尔，2005 年
画：达尔，1916 年，这幅油画依旧悬挂在纳斯的卧室里

14—15 页：阿斯特丽德和艾瑞克森家的卧室
照片：雅克布·佛塞尔，2005 年

19 页：阿斯特丽德父母的结婚照
照片：奥古斯特·威登，1905 年

27 页：阿斯特丽德的女朋友安娜·玛丽亚，昵称是马迪根

照片：不知名摄影师， 1921 年，安娜·玛丽亚·弗里斯的相册

31 页：阿斯特丽德坚信礼的照片
照片：克里斯·威丹，1923 年

37 页：当地报纸《维默比时报》，阿斯特丽德少女时代工作的地点
背景照片：克里斯蒂安·哈根，1905 年

53 页：拉瑟和纳斯的外公外婆住在一起
照片：不知名摄影师，1930 年左右，来自拉瑟·林格伦的相册

61 页：阿斯特丽德做编辑
照片：不知名摄影师，20 世纪 50 年代早期，阿斯特丽德·林格伦收藏

64 页：阿斯特丽德在椅子上
照片：不知名摄影师，20 世纪 60 年代早期， 阿斯特丽德·林格伦收藏

69 页：阿斯特丽德和曾孙弗莱德里克
照片：不知名摄影师，1988 年， 阿斯特丽德·林格伦收藏

76 页：阿斯特丽德爬一棵树
照片：贝普·阿尔韦森，1978 年

78 页：阿斯特丽德的剪影
照片：保罗·汉森，《快报》， 1996 年

85 页：戴帽子的阿斯特丽德
照片：雅克布·佛塞尔，年代未知

谢谢！

感谢阿斯特丽德·林格伦。尤其要感谢谢尔·奥克·汉森、安内利·卡尔森和安娜·奥斯本思古克·普雷耶特给我提供了工作的场地，感谢那些愉快的谈话，回答我众多的问题。

感谢阿斯特丽德家族和海滨乌鸦岛公司。尤其要感谢埃尔沃和本特·本森在整个写作过程中解答了我无数的问题。感谢阿斯特丽德的女儿卡琳·纽曼在我在纳斯工作的那段时间里给予我的帮助。感谢巴布洛和贝莉特·埃尔维特根那么多年来在纳斯做的导览。感谢阿斯特丽德的孙女安妮卡·林格伦和马琳·比林解答的问题，并允许我们进入达拉大街阿斯特丽德的公寓。

感谢阿斯特丽德·林格伦联合会的成员。特别感谢学识渊博的莱纳·通科维斯特带我参观阿斯特丽德的公寓，并在联合会多次接待我。感谢莱纳·戈丁（马迪根的女儿）和玛莲娜·艾瑞克森（阿斯特丽德的女性朋友，在出版社时的同事）与我长时间的谈话。

感谢挪威作家和译者协会为我提供在纳斯这个独特环境中写作的机会。

丽莎·埃伊沙托·尼洁·索尔贝格，我感恩你能与我合作这本书。你太棒了！

弗洛德，感谢你的耐心及对我和这本书的信任。

我将这本书献给我的女儿，爱丽丝。20多年的岁月里，我与她共享了阿斯特丽德·林格伦创造的美好的世界。